古谷治子［著］　シダエリ［絵］

はじめてのビジネス
電話応対

古谷治子先生が
やさしく教える

インデックス・コミュニケーションズ

はじめに

プライベートで仲のよい友だちとする長電話は、とても楽しいものです。でも、ビジネスシーンで、面識のないお客さまと電話で話すことを、なんとなく苦手だな、と感じている人は多いのではないでしょうか。これから社会人になる人ならば、苦手どころか、こわいと思っているかもしれません。

ほとんどのビジネスが一本の電話からはじまるように、電話は、会社とお客さまを結ぶいちばん太いパイプです。そしてお客さまは、電話の相手であるあなたを「会社の代表」と認めて話をしています。電話の応対ひとつで会社のイメージが大きく左右されるというのは、このためです。

あなたが、ビジネス電話が苦手、あるいはこわいと思うのは、ビジネスシーンでの電話のこういう特徴に、プレッシャーを感じているためではないでしょうか。

でも、そのように思うのは悪いことではありません。ビジネスシーンで電話応対する自分を「会社の代表」として自覚することは、きちんと仕事をするうえでとても大切です。

問題は、「電話がこわい」を克服するにはどうしたらいいかということです。

克服の一番の近道は、電話応対の基本のマナーを身につけることです。

実はこれは、そんなにむずかしいことではありません。

本書では、ビジネスシーンでの電話応対の基本のマナーを、できるかぎり具体的な場面に即して、イラストで紹介しています。

これから社会人になる人、新入社員の人、まだまだビジネス電話が苦手な人は、この本をまずはひと通り読んでみてください。きっと、電話がこわくなくなるはずです。

この本をきっかけに、電話応対の基本のマナーを身につけましょう！

古谷治子

電話美人になるための7つのポイント 8

第1章 電話の上手な受けかたとかけかた

電話の受けかた その1 14
電話の受けかた その2 16
電話の受けかた その3 18
電話の受けかた その4 20
電話の受けかた その5 22
電話のたらい回しに注意 24
電話のかけかた その1 26
電話のかけかた その2 28
電話のかけかた その3 30
電話のかけかた その4 32
携帯電話のマナー その1 34
携帯電話のマナー その2 36
FAXの送信、ここに注意 38

COLUMN　こんな電話にはどう対応する？　その1 —— 40

第2章　電話応対のコツ

スムーズな電話応対のための5つのポイント —— 42
印象のよい電話応対のコツ —— 44
こんなところにも気をつけよう —— 46
3種類の敬語 —— 48
敬語の使いかた —— 50
ビジネスにふさわしい言葉づかい —— 52
電話のNGワード —— 56
COLUMN　こんな電話にはどう対応する？　その2 —— 58

第3章　ワンランク上の電話応対

信頼を与える電話応対　60
理解力・質問力を高める　62
回答力を高める　64
提案力を高める　66
こんなときどうする？　その1　68
こんなときどうする？　その2　70
こんなときどうする？　その3　72
ワンランク上の電話テクニック　74
あいづちでスムーズな会話を　76
クッション言葉でやわらかく　78
言葉づかいは肯定的に　80
問い合わせ電話は大チャンス　82
マイナスをプラスにする言葉づかい　84
お客さまの立場で考える　86
受注電話と督促電話　88
アポイントの確認とお礼の電話　90
営業電話のコツ　その1　92

営業電話のコツ　その2　94
情報の分析と活用　96
英語を話すお客さまへの応対　98
COLUMN　こんな電話にはどう対応する？　その3　100

第4章　クレーム電話の応対

クレーム応対の手順　102
クレームが意味するもの　106
クレーム応対のポイント　108
お客さまの心をやわらげるフレーズ　116
こんな言葉づかいはNG！　118
こんな態度はNG！　120
クレームの事例　122
クレーム応対も締めくくりが大事　126

電話美人になるための7つのポイント

プライベートの長電話は大好きだけど、
ビジネス電話はなんとなくこわいかな、
苦手かな……と思っている人でも、
7つのポイントを意識するだけで、
落ち着いて応対できるようになります。
さあ、電話美人をめざしましょう!

1. すばやく受話器をとる

ビジネスでお客さまを
待たせるのは×。
着信音が3回鳴るまでに
受話器をとりましょう。
会社名と部署名、
自分の名前を名乗ること。
ただしプライベートでは、
防犯の意味もあり、
名乗らなくてもOK。

2. 第一印象を大切に

お客さまからみれば、
電話に応対した社員が
その会社の代表です。
声のトーンを明るくし、
正しい発音と
言葉づかいを心がけ、
お客さまによい印象を
与えるようにしましょう。

3. しっかり応対

適切なあいづちを打ちながら
話のペースを合わせて、
まずはお客さまの話を聞きましょう。
一方的に話したり、
話をさえぎったりしないこと。
必要事項はこちらから質問をして、
お客さまの目的をしっかりと
把握することが大切です。
友人とのプライベート電話でも
大事なルールです。

4. 商品知識を身につけて

お客さまの目的が
はっきりしたところで、
的確にわかりやすく
答えなくてはいけません。
そのためには正確な
商品知識がほしいところです。
せめてだれに取り次げば
よいかということは
知っておきましょう。

5. まずは正確に

お客さまの言葉を
復唱することで、
聞き漏らしや聞き間違いなどの
単純なミスをなくせます。
正確な電話応対が
できるようになったら、
次はスピードアップを。
電話1本あたり3分以内の
応対が理想です。

6. お客さまに感謝

お客さまに満足感を与えるには、
わざわざ電話をかけてきて
くださったことに対する
感謝の気持ちを
伝えることも大切です。
プライベートでも
「電話ありがとう」と
ひと言添えるだけで、
相手がハッピーな気分になります。

いいえ こちらこそ
満足
感謝
お電話 ありがとうございました

ステキ
テキパキ
ラビット・バスさま いつもお世話に なっております

7. 利益に直結するように

自社の利益に直結するような
電話応対の技術は、
すぐには身につかない
かもしれません。
それでも経験を積んで、
お客さまの不安を解消し、
自社の商品のメリットを
十分に伝えられるような
電話応対ができるように、
がんばりましょう。

あなたはビジネス電話美人？

できていると思う項目には、
チェックを入れていきましょう。

すばやく受話器をとる	着信音が3回鳴るまでにでている	
	会社・部署名と自分の名前を名乗っている	
第一印象を大切に	声の表情(トーン)が明るい	
	正しい発音(語尾・滑舌・ボリューム)で話している	
	正しい言葉づかい・敬語を使っている	
しっかり応対	一方的に話をしたり、話をさえぎったりしていない	
	適切なあいづちを打っている	
	話のペースを合わせている	
	必要事項について質問をしている	
商品知識を身につけて	正確な商品知識をもち、的確に答えている	
	ほかの人に代わることなく質問に答えられる	
	担当部署・担当者にすみやかに取り次いでいる	
まずは正確に	復唱をしている	
	すばやく(3分以内に)応対できている	
お客さまに感謝	感謝の気持ちを伝えている	
利益に直結するように	お客さまの不安を解消できている	
	商品・会社のメリットを十分に伝えている	

チェックの数はいくつでしたか？

15～17……あなたはビジネス電話美人です。
マナーの先生をめざしてもいいかも。

10～14……すでに社会人として十分なレベルです。
目標は高く、さらなるレベルアップを。

5～9………なかなかデキる新入社員です。
プライベート電話との違いに注意しましょう。

4以下………まだビジネス電話は苦手かも。
でも本書でしっかり勉強すれば大丈夫！

● 第1章 ●

電話の上手な受けかたとかけかた

電話の受けかた その1

ベルが鳴ったらまずメモとペン

電話のそばには、
いつもメモとペンを
用意しましょう。
電話がかかってきたときも
あわてずにすみます。
受話器は利き手とは
反対の手でとること。
こうすれば、
電話の応対をしながら
メモができます。

ジェイ・トラベル
企画部 鈴木（22歳）

3回以上ベルを鳴らしてしまったら

「ベルは3回鳴るまでに」が原則

次のページへ

次はボクの出番

電話の第一声は「明るく！ 元気よく！」

声だけのコミュニケーションである電話は最初のあいさつで第一印象が決まります。
「明るく！ 元気よく！」を心がけて。
第一声は「あいさつ＋社名」が一般的です。

おはようございます
または
お電話ありがとうございます
ジェイ・トラベル企画部の鈴木でございます

プライベートでは

ビジネスで電話を受けたときは名乗るのが基本。でも自宅や携帯などのプライベートの電話をとるときは、最近では防犯面から「はい」と返事をするだけでもOKです。

電話の受けかた　その2

相手の名前が聞き取れないときは
森の中ホテルの犬山と申しますが、猫田さまはいらっしゃいますでしょうか
おそれいりますがもう一度お名前をおうかがいしてもよろしいでしょうか
相手が名乗らなかったら
猫田さまはいらっしゃいますでしょうか
森の中ホテル犬山（35歳）
失礼ですがどちらさまでしょうか
と確認します。
森の中ホテルの犬山と申します
電話を取り次ぐ
いつもお世話になっております。森の中ホテルの犬山さまでいらっしゃいますね。ただいま猫田に代わります。少々お待ちくださいませ
まずはあいさつを返します。それから相手の会社名と名前を復唱し、名指しされた人に取り次ぎます。

名指しされた人がいない場合
(→18ページ)
ボクは魚が好き♡
名指しされた人がいる場合
ジェイ・トラベル
企画部 課長
猫田(37歳)
猫田課長、森の中ホテルの犬山さまからお電話です
電話の保留ボタンを押してから受話器をおろし、相手の会社名と氏名を名指しされた人に伝えましょう。
名指しされた人が電話にでる
まずは
お待たせいたしました。猫田です
といってから本題に入ります。
時間がないときや、1分以上待たせるときは
あいにくいまから外出する予定です。申し訳ございませんがのちほどお電話させていただいてもよろしいでしょうか
と理由をかんたんに説明しましょう。

電話の受けかた その3

名指しされた人の不在を告げる

名指しされた人がいない場合は、まずその人の状況を告げます。

ただいま猫田は別の電話にでております

あいにく猫田は席を外しております

あいにく猫田は会議中でございます

あいにく猫田は外出いたしております

申し訳ございません。猫田は明後日までお休みをいただいております。出社は13日の予定です

そのあと相手の希望を聞きだします

午後3時には戻る予定ですがいかがいたしましょう

戻りましたらこちらからお電話いたしましょうか

伝言をする場合

こちらからまた改めさせていただきます

おそれいります。お電話があった旨猫田に申し伝えます

名指しされた人に伝言することを伝えます。

名指しされた人に伝言メモを残すときは
→23ページ

電話の折り返しを頼まれた場合

猫田さまがお戻りになりましたらお電話いただけますでしょうか

かしこまりました。それでは念のためご連絡先をお願いできますでしょうか

相手の会社名・氏名・電話番号を聞いておきます。

電話の受けかた その4

伝言を受ける

ではおそれいりますがご伝言をお願いできますでしょうか
かしこまりました

用件をメモする際は、
5W2Hをおさえるのがポイント。
伝言を受けたら用件を復唱します。

復唱するよ
5W2H

☆5W2H☆

- だれが　who
- いつ　when
- どこで　where
- なにを　what
- なぜ　why
- どのように　how
- いくつ　how

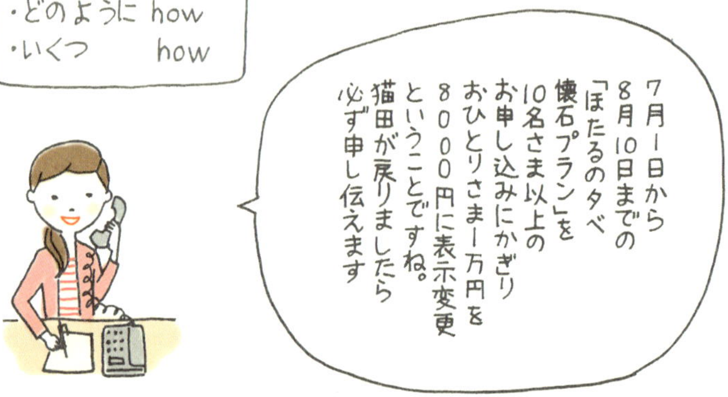

7月1日から8月10日までの「ほたるの夕べ懐石プラン」を10名さま以上のお申し込みにかぎりおひとりさま1万円を8000円に表示変更ということですね。猫田が戻りましたら必ず申し伝えます

わからない用件には

7月1日から8月10日までの「ほたるの夕べ 懐石プラン」のことでお聞きしたいことがあるのですが

わからないことに対してあいまいな返事はしないこと。
あとでクレームやトラブルに発展する可能性があります。
必ず上司や用件のわかる人に電話を代わるか、
確認してから折り返し電話をするようにしましょう。

おそれいりますが わたくしでは わかりかねますので 上司の熊井と 代わります。少々お待ち くださいませ

おそれいりますが その件につきましては 確認しましたのち 折り返しこちらから ご連絡いたします

代理をするとき

わたくし 猫田と同じ部署の 鈴木と申します。よろしければ 猫田の代わりに 承りますが いかがいたしましょうか

企画部

最後には

わたくし、猫田と同じ 企画部の鈴木が 承りました

最後に自分の名前を名乗ります。
相手は安心して、
再度の問い合わせがしやすくなります。

聞きとれないとき

おそれいり ますが もう一度 おっしゃって いただけます でしょうか

電話の受けかた その5

フゥーッ

電話を切るときは

ありがとうございました
よろしくお願いいたします
失礼いたします
たいへんご迷惑をおかけいたしました
わざわざお電話いただきましたのにご期待に添えず申し訳ございませんでした

最後のひと言は大切。電話内容によって、
状況に合った言葉を添えられるようになりましょう。

伝言メモのつくりかた

メモ
メモ
メモ
メモ

名指しされた人が不在のときに
電話がかかってきた場合は、
必ず伝言メモを残します。
電話のことを伝える必要がないと
いわれたときもメモを残すこと。
あとで、名指しされた人が電話を
かけてきた相手に、
不在だったことをお詫びできます。

こんなフォーマットを
つくっておくと便利。
電話があった時間も
必ず明記すること。
これによって
「折り返しのお電話が遅くなり
申し訳ございませんでした」
など、このあとの
お客さまへの応対が
変わってくるのです。

メモを書いたら、
名指しされた人の机に、
風で飛ばないようテープで貼ります。
メモを残しておいても、
本人が戻ってきたら
電話があったことを口頭で知らせます。
急いでいた、怒っていたなど、
相手の雰囲気を伝えると◎。

電話のたらい回しに注意

×
お電話ありがとうございます。森の中ホテル宿泊部でございます。
宿泊部
キヨシショー
森の中ホテル
加藤（24歳）
4月2日の「夜桜ディナーショー」についてちょっと聞きたいことがあるんだけど
キヨシ命
では企画部におつなぎいたします。少々お待ちくださいませ

Point

取り次ぐ前に、まずはお客さまの用件をよく聞くこと。
それから適切な部署・担当者に取り次ぎましょう。

もしもし、4月2日の「夜桜ディナーショー」について聞きたいんだけど
キヨシ命
企画部
はい
ディナーショーは夜の9時までよね。そのまま泊まりたいんだけど2日の予約ってとれるかしら？

申し訳ございません。その件は担当が異なりますのでただいま宿泊部へお回しいたします
◎
4月2日のディナーショーにいらっしゃるお客さまよりご宿泊希望のお電話です

Point

電話を他部署へ回すときに
用件の概略を伝えておくと◎。
お客さまに何度も同じ説明をさせなくてすみます。
たらい回しにはくれぐれも注意。

森の中ホテル
宿泊部
烏丸(35歳)
はい宿泊部でございます。ご宿泊のご予約ですね
キヨシ命
4月2日の予約ってとれるのかしら?
たいへん申し訳ございません。あいにく2日は満室でございます。せっかくお電話をくださいましたのにご希望に添えず申し訳ございません
えー!
キヨシ命
キヨシショ
ブー
もしよろしければディナーショー終演後にご宿泊いただける近隣のホテルをご紹介いたしますがいかがいたしましょう?
◎
ていねいなお詫びにプラスして、こんな応対ができると◎。お客さまの心をつかむのは、こうした損得を超えたサービスです。
あら、助かるわありがとう

電話のかけかた その1

電話をかけるときの心得

ランチタイムや
勤務時間外は
避けること。

相手の都合を
わざわざ割いて
もらっているという
意識を。

電話料金が
かかっていることを
忘れずに。

準備するもの

先方の電話番号・
会社名・所属部署名・
担当者名を確認

必要な
書類や資料を
手元に用意

あらかじめ用件を
整理、メモして

名指しされた人がいない場合
30ページ
名指しされた人がいる場合
28ページ

最初のあいさつ

お電話ありがとうございます。ラビット・バス株式会社営業部です
ラビット・バス
営業部
八木（26歳）
わたくしジェイ・トラベルの佐藤と申します。いつもお世話になっております。おそれいりますが営業部の木林さまをお願いいたします
ジェイ・トラベル
企画部
佐藤（20歳）

まずはこちらの会社名と名前を名乗り、用件を伝える相手を名指しします。

プライベートでは

夜の7時以降に電話をかける場合は、「夜分おそれいります」というひと言を、はじめに添えるようにしましょう。

電話のかけかた　その2

名指しされた人がでたら

いつもお世話になっております。いまお電話よろしいでしょうか

相手がでたら簡単にあいさつをしてから用件に。
相手の都合を確認すると、よりていねいです。

用件を伝える際のポイント

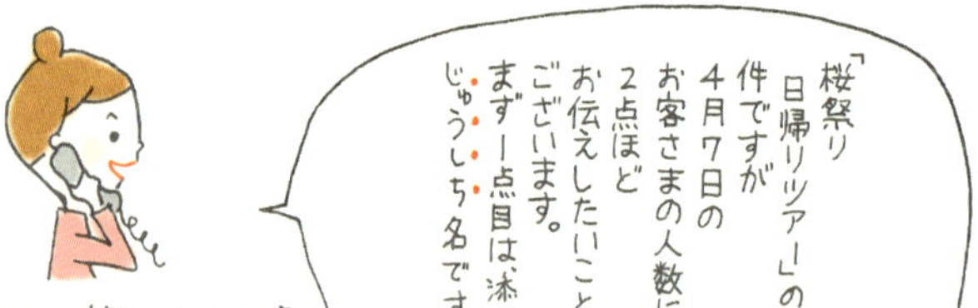
「桜祭り日帰りツアー」の件ですが4月7日のお客さまの人数について2点ほどお伝えしたいことがございます。まず1点目は、添乗人数はじゅういち名です…

整理して簡潔にします。

ラビット・バス
営業部
木林（32歳）
かしこまりました。4月7日の添乗人数は11名さまということですね。うち3名さまがご高齢で車いすをご利用のためリフト付き観光バスをご利用ということですね
申し訳ございません。添乗人数はじゅうなな名でお願いいたします

間違えそうな言葉や数字は
復唱したりいいかえたりして、しっかりと確認。

アポイントをとる際の注意点

今春新たに導入する予定の夜行バス「ぐっすり快眠号」についてご説明におうかがいしたいのですが、ご都合のよろしいときに30分ほどお時間をいただけませんでしょうか
訪問の目的と所要時間を伝えます。
ありがとうございます。それでは来週水曜日、6日の午後3時におうかがいさせていただきます。お忙しいところご対応いただきありがとうございました
時間を割いてもらうことへの感謝を忘れずに。

バス
ガ～
グ～
ぐっすり快眠号
Z Z Z Z

電話のかけかた その3

名指しされた人が不在の場合
木林はただいま席を外しております
失礼ですが、何時ごろお帰りになりますでしょうか?
いつごろお席にお戻りになりますでしょうか?
午後4時には戻ると申しておりました
帰社または席に戻る時間を確認しておき、再度かけ直すか、折り返し電話をもらえるよう伝言を頼んでおきます。

FAX(メール)を送る場合
それではFAX(メール)をお送りいたしますのでその旨お伝えいただけますでしょうか

再度かけ直す場合
それではそのころもう一度おかけ直しいたします

伝言をお願いする場合

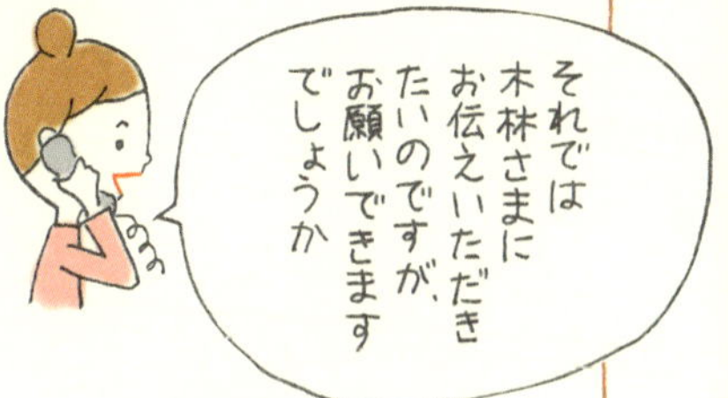
それでは木林さまにお伝えいただきたいのですが、お願いできますでしょうか

失礼ですがお名前をおうかがいしてもよろしいでしょうか

① 伝言を頼む場合は、こちらの会社名・名前とともにできるだけ簡潔に内容を伝えます。

② 再度問い合わせる可能性もあります。必ず伝言をお願いした相手の名前を確認。

お手数をおかけして申し訳ございません。よろしくお願いいたします

③ 最後にお礼の言葉を忘れずに。

折り返し電話をもらう場合

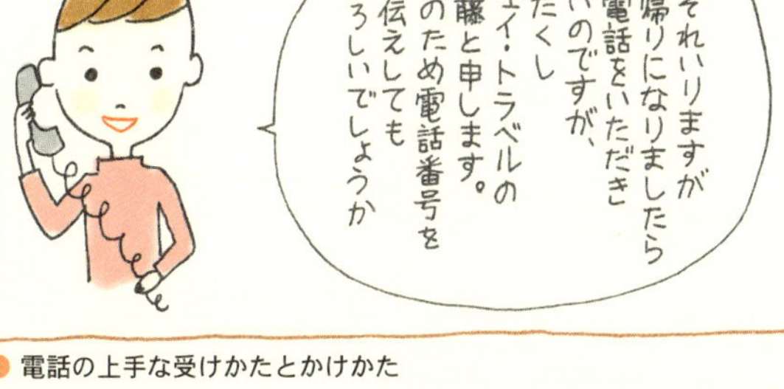
おそれいりますがお帰りになりましたらお電話をいただきたいのですが、わたくしジェイ・トラベルの佐藤と申します。念のため電話番号をお伝えしてもよろしいでしょうか

電話のかけかた その4

終わりのあいさつで好感度アップ

お忙しいところ
ありがとう
ございました

電話は、
かけたほうから
切るのが原則。
相手が目上・お得意さま・
お客さまの場合は、
相手が切るのを待ちます。

電話を切る前に、感謝の気持ちを
伝えることが大切です。(→22ページ)

留守番電話は録音時間が
かぎられているので、
要点をおさえた伝言を
心がけましょう。

○○と
申しますが

自分の名前を名乗ります。

わたしってデキる女だわ!

指でそっとフックを
おさえて切ると静かです。
受話器をガチャンと乱暴に
置くのは×。

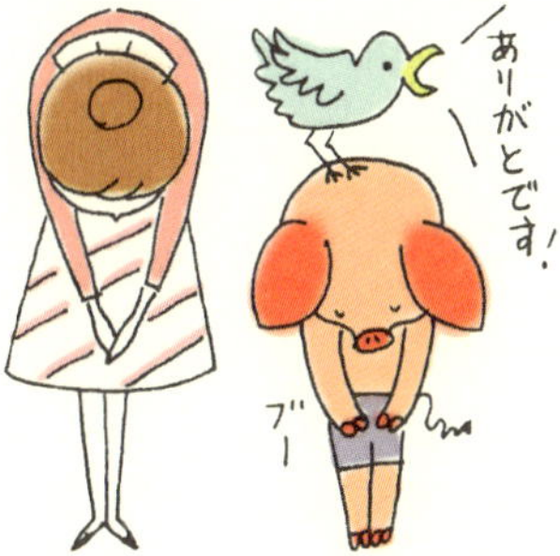

留守番電話にメッセージを残す

どんな用件で連絡
したのかを話します。

折り返しの電話が
ほしいときは、
連絡先も伝えます。
ゆっくり繰り返すと親切。

携帯電話のマナー その1

携帯電話をかけるとき

先方の都合に配慮することがとても大切です。
必ず確認のひと言を。

いまお電話よろしいでしょうか

携帯電話で失礼いたします

通話は電波の状態に左右されるので、
仕事上の話をする場合は
できるだけ社内の固定電話を使用します。
携帯電話でかけるときは、最初に断ってから。

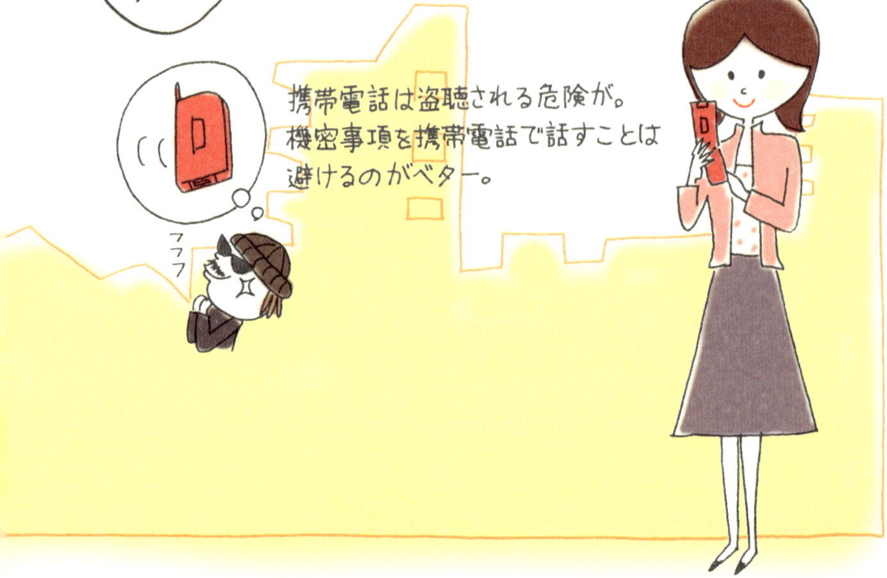
TEST
フフフ

携帯電話は盗聴される危険が。
機密事項を携帯電話で話すことは
避けるのがベター。

携帯電話を受けるとき

会議中、打ち合わせ中、電車内、病院などでは
あらかじめ電源を切るか、
マナーモードにしておきましょう。
留守番電話サービスを上手に活用して。

かかってきた場合は、相手の了解を得たうえで、
部屋の外で手短に用件をすませるか、
折り返し電話することを伝え、
すぐ切るようにします。

少々お待ちいただけますでしょうか
どうぞ

万全なセキュリティを

携帯電話は個人情報の宝庫。他人にのぞかれると、番号やアドレスを知られる以外に、たとえば着信履歴から、だれと仲がよいかなどの人間関係まで知られてしまいます。
紛失に気をつけるのはもちろんですが、万一のためにセキュリティの設定をしておきましょう。

携帯電話のマナー その2

携帯電話の番号をたずねられたら

よろしければ
木林さんの
携帯電話の
番号を教えて
いただけません
でしょうか

申し上げます。
木林の携帯電話の
番号は0901
△△△△ー
□□□□です
携帯電話が会社から
支給されているものなら
教えてもOK。

私用の携帯電話については、トラブルを避けるため、持ち主に確認をします。
番号を伝えてもいいかわからない場合は、以下の応対で。

申し訳
ございませんが
こちらから
木林に連絡をとり
お電話させて
いただきます
御社まで
お電話するよう
木林に
申し伝えます

仕事中の私用電話は

ブルブル

私用の携帯電話はマナーモードに。
とはいえ、バイブレーションも
けっこう響くので注意。

八木
メリさんのヒツジ♪♪♪
やばっ

バッグやロッカーのなかに
入れておくのが基本。
着信音にも配慮を。

今月の目標
申し訳ございません ただいま勤務時間中なので お急ぎでなければ あとでかけ直します

私用電話は勤務時間外が原則。
勤務時間中に私用電話がかかってきたら、
手短にすますか、改めて勤務時間外に
電話するようにします。

ラビットバス

FAXの送信、ここに注意

長い・・・
ジージジー

送信する枚数はできるだけ少なくなるよう配慮しましょう。
あまりにも多くなる場合は、郵便や宅配便など別の方法を。

おちょくっとんのかー
桜祭り
日帰りツアー

送信するときは、
くれぐれも番号違いに注意。
FAXは直接相手と話をしないので、
間違った先に送信しても
すぐには気づきません。

あ
ち、小さい・・・

小さい文字や図表を含む場合は、
FAXで送ると不鮮明になることがあります。
拡大コピーしたものを送るなどの配慮を。

送信する際は、必ず送信状を

会社に決まった書式がない場合、
こんなフォーマットをつくっておくと便利です。

発信元を明記

発信者の社名・部署名・
氏名・電話番号・FAX番号など。

宛先を明記

受信者の社名・
部署名・氏名など。
敬称のつけかたにも注意。

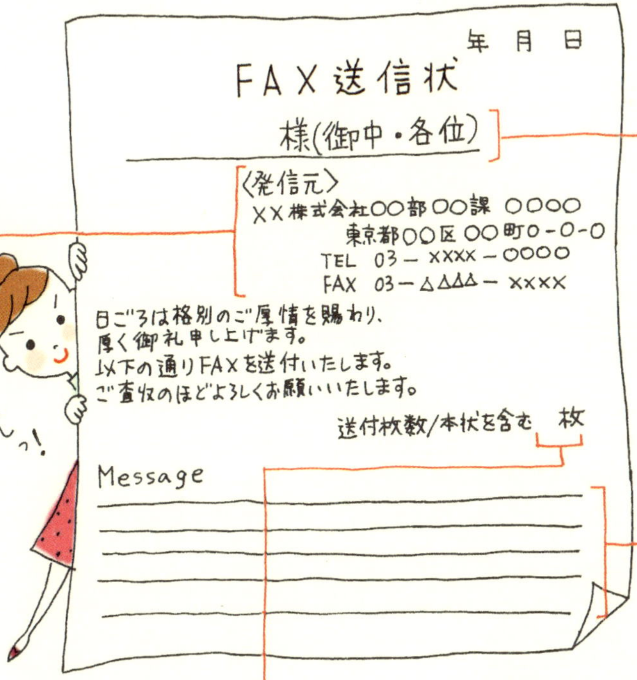

年　月　日
FAX送信状
様(御中・各位)
〈発信元〉
XX株式会社〇〇部〇〇課　〇〇〇〇
東京都〇〇区〇〇町0-0-0
TEL　03-XXXX-0000
FAX　03-△△△△-XXXX
日ごろは格別のご厚情を賜わり、
厚く御礼申し上げます。
以下の通りFAXを送付いたします。
ご査収のほどよろしくお願いいたします。
送付枚数/本状を含む　枚
Message
よしっ!

送信枚数

必ず送る枚数を記入して。
枚数は送信状を含めたものか
どうかがわかるように。
枚数が多いときは
ページ番号もふっておきます。

送信内容

簡潔に記入します。

COLUMN

こんな電話にはどう対応する？ その1

セールス電話

あいまいな対応をすると何度もセールス電話がかかってきてしまうおそれがあります。毅然とした態度でピシャリと断ることが大切。ただし、邪険に断ると会社の評判が悪くなってしまうことも。あくまでもていねいに。

そういう電話は結構ですっ！
ガシャッ

いまのところ弊社では必要がありませんので、そういったお話は結構です
または
必要になりましたらこちらからお電話いたしますので、ご連絡先をちょうだいできますでしょうか
資料だけでもお送りしたいので、ご住所・ご担当など教えていただけませんかね？
申し訳ございません。失礼いたします

無言電話

オフィスに無言電話がかかってきても、自宅で電話を受けるときのようにガチャンと切らないように注意。通信状況が悪くて音声が届かない場合があるからです。

……
お電話が遠いようですが……
申し訳ございませんがお声がこちらに届かない状況ですので、一度お電話を切らせていただきます。失礼いたします

● 第2章 ●

電話応対のコツ

スムーズな電話応対のための5つのポイント

1. 電話操作に慣れる

保留方法や転送方法などは、きちんとマスターしておきます。

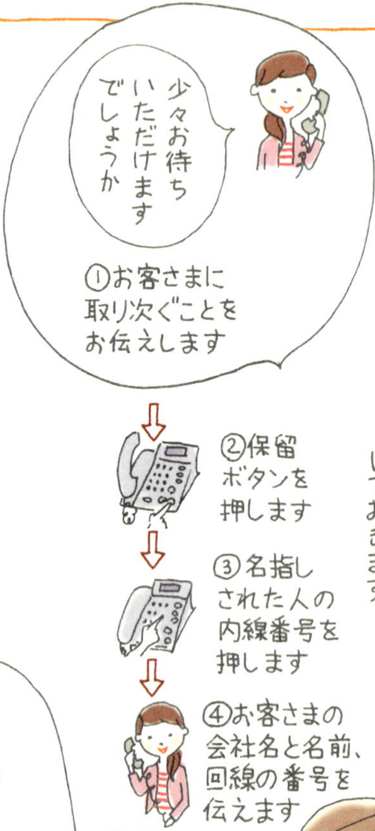
少々お待ちいただけますでしょうか
①お客さまに取り次ぐことをお伝えします
②保留ボタンを押します
③名指しされた人の内線番号を押します
④お客さまの会社名と名前、回線の番号を伝えます

2. 自社の社員の顔と名前をおぼえる

社長、役員、同じ部署の社員などの顔と名前をおぼえておきます。

企画部
熊井部長
鹿野社長
えーと
あの人は…
企画部
猫田課長

ジェイ・トラベル
企画部
宇佐木（30歳）

いつもお世話になっております

せっせ せっせ

3. 商品知識や自社の概要を理解する

自社の商品・サービスの知識、本社・支社の所在地、電話番号、ＦＡＸ番号、部署などを把握しておきます。

4. 先方の社名や名前をおぼえる

よくかけてくる会社やお客さまの名前を間違えるのはとても失礼なこと。しっかりとおぼえておきましょう。

5. 敬語やビジネス用語を使いこなす

会社のイメージを落とさないよう、敬語やビジネス用語を正しく身につけます。（→48ページ）

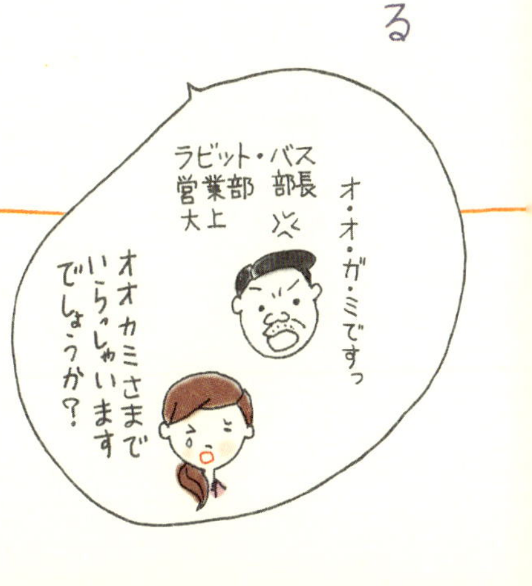

オ・オ・ガ・ミですっ
ラビット・バス 営業部 部長 大上
オオカミさまでいらっしゃいますでしょうか？

コスト意識を忘れずに

電話には料金がかかっていることを忘れてはいけません。できれば3分以内で用件をすませるようにしましょう。

印象のよい電話応対のコツ

電話は声だけに頼るコミュニケーションツール。
声質と話しかたによって印象は大きく変わります。
どんなときでも「ていねい」「正確」
「迅速」「簡潔」を心がけましょう。

ていねい・正確
迅速・簡潔

そのアジェンダについてはこのスキームによって私どもはコミットしてまいります

相手を思いやった言葉づかいを

業界用語・専門用語・外国語など、むずかしい言葉の使用はできるだけ避けましょう。また、相手の顔がみえない分、よりていねいな言葉づかいを心がけること。

ラビット・バスの木林さまでいらっしゃいますね。たいへんお世話になっております

姿がみえなくても態度はきちんと

だらけた姿勢で応対すると、必ずそれが声や話しかたにあらわれ、お客さまを不快にさせてしまいます。目の前にお客さまがいるつもりで、応対をすること。

あーそうですか
はいはいはい
ありがとう
ございまーす
もう、忙しいのに〜

いつでも変わらない応対を

昼休みや終業後はもちろん、
どんなに忙しくても
決して応対をいいかげんにしないこと。
お客さまに応対している時間は
すべて営業時間内と考えましょう。

はい！
ジェイ・トラベル企画部の
佐藤でございます

第一声は明るく元気よく

電話の第一声は、
企業の姿勢とイメージが
特に伝わります。
明るく、元気な声で
応対して。（↓15ページ）

こんなところにも気をつけよう

♪声の大きさ

電話での印象に自信がない人は、
意識的に大きな声をだしてみると、
お客さまに明るくよいイメージを与えられます。
また、日時や金額などの重要事項もはっきりした発声で。

♪声の高さ

一般的に、高く明るい声は心を開き、
低く落ち着いた声は
安心感と信頼を与えます。
もっともこころよく
聞こえる声の高さは
ドレミファソの「ソ」の音だとか。

♪話すスピード

聞き取りやすいのは、1分で原稿用紙1枚分の文字(400字程度)を読むくらいのスピードです。友だちと話すときよりもややゆっくりめが◎。

♪声の調子

声に抑揚がついていないお経を読むような平板な調子で話すと、冷たくて事務的な印象を与えてしまいます。感情を込めると、自然と抑揚がつくはず。

♪語尾

語尾をはっきり発声しないと、聞いている相手を不安にさせます。語尾までしっかり声をだして、お客さまに安心感を与えましょう。

3種類の敬語

尊敬語

相手の動作・状態・
性質・所有物に対して
敬意をあらわすための言葉。
「お・ご＋動詞」
「動詞＋れる・られる」などの
パターンがあります。

あ、電話だ。
先に召し上がって
いてください
こちらそば湯で
ございます
おいしそうな
おそばですね！
そう？ じゃあ先に
いただきましょう

謙譲語

自分の動作などを
へりくだって表現することで、
相手への敬意をあらわす言葉。
「うかがう」「申し上げる」など、
動作の対象となる相手への
敬意をあらわす表現と、
「まいる」「申す」のように、
自分の動作などをへりくだって
表現する言葉があります。

ていねい語

ものごとをていねいに表現することで、
相手にやわらかな印象を与える表現。
「だ・である」を「です・ございます」
などとするパターンのほか、
「お酒」「ご自宅」など、聞き手に上品な
印象を与える「美化語」もあります。

尊敬語と謙譲語の使い分け

尊敬語		謙譲語
いらっしゃる おいでになる	行く	まいる うかがう
いらっしゃる お越しになる	来る	まいる うかがう
なさる される	する	いたす
いらっしゃる おられる	いる	おる
ご覧になる	みる	拝見する
おっしゃる いわれる	いう	申す 申し上げる
お聞きになる	聞く	うかがう 承る
会われる お会いになる	会う	お目にかかる
ご存じ	知る	存じ上げる
思われる お考えになる	思う	存じる
召し上がる	食べる	いただく
くださる	与える	さしあげる
お受け取りになる	もらう	ちょうだいする いただく

敬語の使いかた

基本のルール

1. 自分については謙譲語、社外の人を含む目上の人には尊敬語を使います。

2. お客さまに社内の人のことを話すときは謙譲語を使います。

3. 上司(社内の人)の身内に上司(社内の人)のことを話すときは尊敬語を使います。

4. 社内の人同士の会話では、相手に尊敬語、自分には謙譲語を使います。

社外の人に対して

課長の猫田がそう申しております
部長の熊井はただいま外出しております

社内の人に対して

猫田課長がそうおっしゃっています

上司の身内に対して

熊井部長はただいま外出をされています

復唱では「謙譲語」と「尊敬語」をいいかえる

明日の午後2時に弊社の木林がうかがいますとお伝えください

明日の午後2時に御社の木林さまがいらっしゃる旨、申し伝えます

敬語は「敬遠語」？

敬語は、相手への敬意をあらわす反面、相手に距離を感じさせるいいかたでもあります。
目上の人にきちんとした敬語を使うことはもちろん大切ですが、あまり過剰になりすぎないように。
文の終わりに敬語表現を使うと、スッキリと感じよく聞こえます。

部長もお喜びになっておられました
×
部長も喜んでいらっしゃいました
◎

ビジネスにふさわしい言葉づかい

Q 問題編

下の電話の応対のNG部分を
正しい表現に直してみましょう

はい、海川フーズ、注文管理課、海老原です。
……おそれいりますが、だれでしょうか？
……あ、森の中ホテルの鶴田さまですね。
おつかれさまでーす。
すいません、お電話が少々遠いようで……
だれを呼べばよろしいでしょうか？……
あ、鮫島ですね？ 鮫島はちょっといま、席にいません。
どんな用でしょうか、あたしが代わりに聞きますが

海川フーズ
注文管理課
海老原（20歳）

間違いが多すぎて
どこから注意すれば
よいのやら……

海川フーズ
注文管理課 課長
蟹江（42歳）

はい、わかりました、
帰ったらいっておきます。
どうも、お電話ありがとうございました

海老原さん……
ちょっと
いいかね……

はい
いま行きます

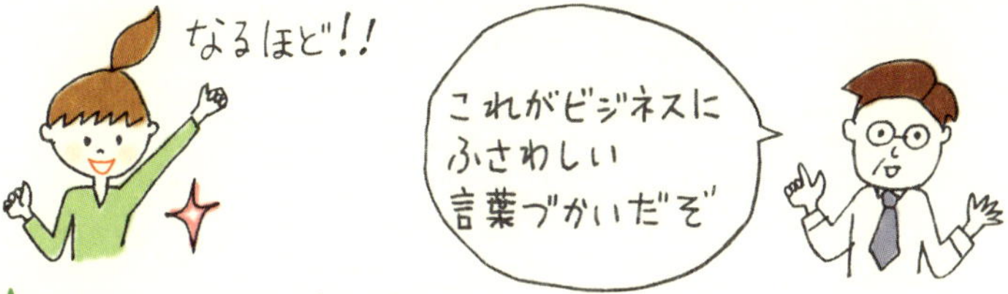
なるほど!!
これがビジネスに
ふさわしい
言葉づかいだぞ

★自分のことを話すとき

ふさわしくない言葉		ふさわしい言葉
あたし、わたし、ぼく	→	わたくし
うちの会社	→	わたくしども、小社、弊社
すぐ来ます	→	すぐまいります
席にいません	→	席を外しております
はい、わかりました	→	はい、かしこまりました
帰ったらいっておきます	→	戻りましたら申し伝えます
いま、行きます	→	ただいま、まいります

★相手のことを話すとき、聞くとき

ふさわしくない言葉		ふさわしい言葉
(相手の)会社、そちら	→	御社、貴社、お客さま
だれですか	→	どちらさまでしょうか
なんの用ですか	→	どのようなご用件でしょうか
だれを呼べばいいですか	→	どの者をお呼びいたしましょうか
ちょっと待ってください	→	少々お待ちください
お客さんを連れてきました	→	お客さまをご案内いたしました

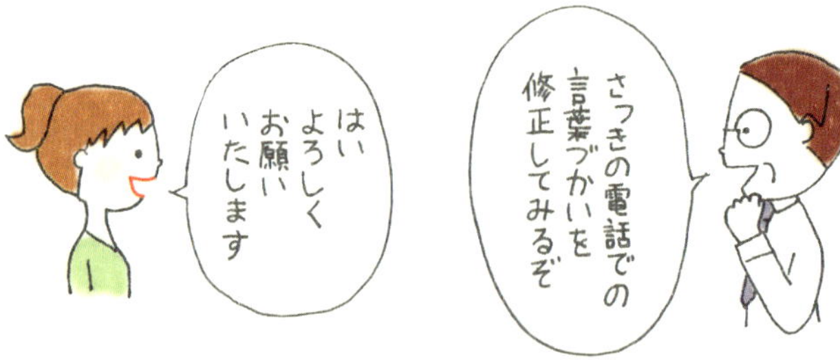
さっきの電話での
言葉づかいを
修正してみるぞ
はい
よろしく
お願い
いたします

A 解答編

はい、海川フーズ、
注文管理課海老原です。
……おそれいりますが
どちらさまでしょうか

「おそれいります」

お客さまになにかをお願いするときは、
クッション言葉を使いましょう。
やわらかな印象を与えます。

（→78ページ）

「失礼いたしました」「まことに申し訳ございません」

不手際があったらすぐに謝罪を。
「ごめんなさい」「すいません」は、
ビジネスの場ではNG。

森の中ホテルの鶴田さまですね。
失礼いたしました。
いつもお世話になっております

「いつもお世話になっております」

電話口のお客さまに対し、
面識がない場合でも、
会社として付き合いがあることに感謝の言葉を。
「おつかれさまです」は社内限定です。

「少々お待ちくださいませ」
「たいへんお待たせいたしました」

電話で待たされると
短い時間でも
イライラするものです。
相手を気づかう
ひと言を。

申し訳ございません。お電話が少々遠いようでして……どの者をお呼びいたしましょうか
鮫島ですね。少々お待ちくださいませ
鮫島はあいにく席を外しております。わたくし同じ注文管理課の海老原と申します。もしよろしければわたくしが代わりにおうかがいいたします。いかがいたしましょう？
かしこまりました。鮫島が戻りましたら申し伝えます。わたくし海老原が確かに承りました。お電話ありがとうございました。失礼いたします

「かしこまりました」
「承知いたしました」
「けっこうです」

「そうです」「いいです」
などの表現は幼い印象を
与えてしまうので×。
きちんとした社会人の
言葉づかいを。

海老原さんちょっといいですか
はい ただいままいります
毎日が勉強だぞ
はいっ がんばります

電話のNGワード

命令表現

命令表現を使うよりも、お客さまに
判断をゆだねる依頼表現にしたほうが、
相手の受ける印象もよくなります。
クッション言葉も有効活用！
(→54・78ページ)

✕
少し待ってください
◎
少々お待ちいただけますでしょうか

あーあ・・・

あいまい表現

あいまい表現は
誤解を生む原因になります。
わからないことに対しては、「申し訳
ございません。その件につきましては
至急確認し、折り返しお電話いたします」
と対応しましょう。

もしかしたらそのツアーは、来月くらいに、発表するかもしれません……たぶんですが
はあ…

ピクッ
イライラ

プライベートでは

ビジネス電話で、自社の人に尊敬語を使わないのと同じく、自分の身内のことを話すときに尊敬語は使いません。
「お父さんが」などといわず、「父が」と敬称をつけずに呼びましょう。

若者言葉

「ありえなーい」「っていうか」などの若者言葉も、ビジネスの場では厳禁です。

若者言葉のいいかえ

若者言葉		ビジネス言葉
ありえなーい	→	とんでもないことです
○○っぽい	→	○○のような
○○円からお預かりします	→	○○円をお預かりします
やばいです	→	すばらしいです
よろしかったでしょうか	→	よろしいですか
っていうか	→	ところで
私って○○じゃないですか	→	私は○○なんです
キモい	→	気持ち悪い
わたし的には	→	私としては

COLUMN

こんな電話にはどう対応する？ その2

間違い電話がかかってきたら
お電話ありがとうございます。森の中ホテルでございます
あれ、そちらは城崎さんのお宅ではないですか？
私どもは森の中ホテルでございます。失礼ですが、番号は何番におかけでしょうか？
×××－123－□□□□です
・相手が番号を押し間違えているとき
この番号は×××－456－△△△△でございます
あ、かけ間違えでした。失礼しました
・もともと番号が違っているとき
番号はそちらで合っておりますが、こちらは森の中ホテルと申します
あれ、じゃあこのメモが間違っているんだ。失礼しました

どういたしまして。失礼いたします
森の中ホテルか……すごく親切な応対だったから今度泊まってみようかな

間違い電話であっても、ていねいな応対をすることで、会社のイメージアップにつながります。どんな電話でも、相手に不快感を与えないことを心がけて。

● 第3章 ●

ワンランク上の電話応対

信頼を与える電話応対

信頼を与える電話応対には、①～④の力が必要です。
意識して、少しずつ身につけていきましょう。

もしもし、7月の6日に
1泊で予約をお願い
したいんですけど

はい、ご予約ありがとうございます。
7月6日に1泊ということですね。①
何名さまでしょうか？②

① 理解力
お客さまが話す内容を
正確に把握できる。

大人がふたりですよ

2名さまですね。シングルルームと
ツインルーム、ダブルルーム、
どちらをご用意いたしましょう？③

② 質問力
お客さまの要望を
満たすための
質問ができる。

え……？
（ツインとダブルって、
どう違うのかしら）

③回答力

お客さまに応じた
情報提供や
説明ができる。

2名さまですね。おひとりさま1室ずつか、
あるいはおひとりさまずつベッドがつくタイプのお部屋、
おふたりでひとつのダブルサイズの
ベッドがつくタイプのお部屋、
いずれになさいますか？③

ひとりにひとつ
ベッドがつくタイプの
部屋がいいですね

さらに、お客さまが
知っておいたほうがいい情報や
アドバイスを伝え、要望を
固めるお手伝いをします

かしこまりました。
ツインのお部屋をご用意いたします。
お食事はいかがなさいますか？

あら、決めてないわ。
どうしましょう

ただいま当ホテルでは「ほたるの夕べ懐石プラン」を開催しております。
1泊2食つきのコースでご宿泊のお客さまは、
通常のおひとりさま1泊料金1万円に、
4000円を追加していただきますと、
ほたるを鑑賞しながら懐石料理のご夕食をお楽しみいただけます。
夏季限定ですので、この機会にぜひ、いかがでしょうか④

ほたるを鑑賞しながらのお食事もすてきね。
料金もお得みたいだし。
じゃあ、それにしようかしら

④提案力

要望があいまいなお客さまに対して
こちらから積極的に提案できる。

理解力・質問力を高める

LESSON 1

ナビゲーション話法

ありがとうございます
森の中ホテル
鶴田(40歳)
森の中ホテル・レストラン部の鶴田です。ケーキの注文でお電話いたしました

5W2H(→20ページ)について、ひとつずつ質問をしながら具体的な内容を確認しましょう。お客さまをナビゲートすることでなにを求めているかを正確に把握できます。
クレーム内容の確認にも有効。(→116ページ)

森の中ホテル、レストラン部、鶴田さま ― Who だれが 関係者

When いつ 納期 ― 6月3日、午前9時

森の中ホテル2階、中ホール ― Where どこで 業務範囲

What なにが(を) 目的 ― ウェディングケーキ・タイプA

結婚披露宴に使用 ― Why なぜ(どんな目的で) 背景

How どのように 方法 ― トラックで発送・納品

How much どの程度 数量・金額 ― 数量:1台　金額:5万5000円

LESSON 2

オープン質問とクローズ質問

電話相手の目的を聞きだすには、
①オープン質問と②クローズ質問の使い分けが有効。
オープン質問とは、自由に話をしてもらう質問の方法、
クローズ質問とは、「はい」「いいえ」、またはできるだけ短く
具体的に答えられるような質問の方法です。

ワインはいかがなさいますか？①
うーん、どうしようかな（ワイン詳しくないんだよな、どうしよう）
このコースのお料理ですと辛口の白ワインが合うかと存じますがいかがいたしましょう？②
じゃあ、それでお願いします

今度のデートはどこに行こっか？①
うーん、どうしようかな。どこがいいかなー？
もー、じゃあ遊園地はどう？②
うん、そうしよう

回答力を高める

LESSON 3

相手の言葉を確認する

お客さまの言葉は復唱すること。
内容を確認できると同時に、
お客さまの話をきちんと
聞いていますという態度が伝わります。

ドン
ドン

はい こちらフロント、烏丸でございます
ちょっと！ 部屋を替えてほしいんだけど
お部屋の変更をご希望ということですね。失礼ですがお客さまのお部屋の名前をおうかがいできますでしょうか？
フロント
コワイ
デカイ声…
「さくら草」よ。もう、上の部屋からすごい音なの。うるさくて眠れやしないわ
たいへん申し訳ございません。「さくら草」の上のお部屋から、音が響く、ということですね

LESSON 4

聞きたいことにわかりやすく答える

ポイントごとに短く区切って話すと、
相手が理解しやすくなります。

要点は3つあるの。
1つ目、ゴルフは
月に1回まで、
2つ目、自分の
おこづかいで行くこと、
3つ目、おみやげを
買ってくること。
いいわね？
たじたじ

コンダクター？
プランニング？
私はいまね
コンダクターの人と
協力しながら
ツアーのプランニングを
しているんだよ

相手に応じた説明をすることも大切です。
仕事上の専門用語は使わない、
お年寄りには外国語やカタカナ語を避ける、など。

提案力を高める

LESSON 5

相手の要望を積極的に引き出す

要望がまとまっていないお客さまには、
こちらから積極的に引き出して、
それをもとに具体的な提案をします。

✕

周辺を観光したいんですけど……
行き先はお決まりですか?
うーん大自然に触れたいなーって思います
自然……ですか。お部屋に観光案内がございますのでそちらでお選びいただけますでしょうか
えーせっかく相談しているのにー

要望を受けての具体的な提案

自然ということでしたら
森の遊歩道の散策は
いかがでしょうか
うーん
歩くのはつかれるから
ちょっとなー
それでしたら
湖の遊覧船はいかがでしょうか。
湖まではタクシーで
15分ほどです。
手配をいたしましょうか？
それいいですねー
お願いしていいですか

こんなときどうする？
その1

Q. 途中で電話が切れてしまったら？

A. 通話中や取り次ぎ時に電話が切れてしまったときは、かけた側がかけ直すのが原則。
電話を切ってしまった不手際はお詫びすること。
切れた理由を説明する必要はありません。

ガチャ！
ツーツーツー
先ほどはこちらの不手際で
たいへん失礼いたしました

申し訳ございませんが
少々お待ちくださいませ
緊急の用件が入ってしまいましたので
折り返しご連絡させていただきます。
申し訳ございません

Q. 通話中にもう一本電話がかかってきたら？

A. 以下のように応対します。

①

通話中の電話が長くなりそうなとき、その相手に、ほかに緊急の電話がかかっていることを伝えます。

お話の途中で
たいへん申し訳ございません。
ほかに急ぎの電話が
入ってしまいましたので
少々お待ちいただいても
よろしいでしょうか

はい

②

いったん保留にしてから、呼び出し中の電話をとります。

はい、ジェイ・トラベル
企画部の
宇佐木で
ございます

お待たせ
してしまい
たいへん
失礼いたしました

お話の途中で
たいへん恐縮ですが
ただいまほかの電話が
入っておりますので
折り返しご連絡させて
いただいても
よろしいでしょうか？
申し訳ございません
はい

③の1

②の相手に用件を聞き、緊急でなければ①の相手に戻ります。

③の2

②の相手が緊急の場合は、①の相手の電話を一度切り、あとから折り返します。

こんなときどうする？ その2

Q. 上司の身内から電話がかかってきたら？

企画部の猫田の母ですが、猫田はおりますでしょうか

A. 上司の身内に、上司のことを話すときは尊敬語を使用します。

✕
あいにく課長の猫田は、ただいま席を外しております
○
猫田課長はただいま席を外していらっしゃいます
✕
猫田課長、お母さまからですよー
○
ご自宅から
ご家族から
お身内の方から

また、上司に電話を取り次ぐときは、だれからの電話であるかを具体的にいう必要はありません。

Q. 他部署宛ての電話がかかってきたら？

A. 以下のように応対します。

①

まずは自分が
その部署の人間ではない
ことを伝えます。

申し訳ございません。
ただいま営業部の
会議中で、全員
席を外しております。
わたくし、企画部の
鈴木と申します

②

相手の用件を聞き、
自分で応対可能か
どうかを判断します。

わたくしで
わかることでしたら
承りますが、
いかがいたしましょう

③

自分では処理できない用件は、
そのことを先方に伝え、
先方の要望を聞いておきます。

あいにくわたくしでは
わかりかねますので
担当の者が戻りましたら
折り返しお電話を
さしあげるようにいたします

こんなときどうする？ その3

Q.名指しされた人が会議中だったら

熊井だが
猫田課長は
いるかな？
熊井部長、
おつかれさまです、鈴木です。
少々お待ちいただけますか

自社の人間からかかってきたときは、
「おつかれさまです」などのあいさつとともに
自分の名前を名乗ること。

Q.上司が外から伝言を頼んできたら？

明日、猫田課長と
打ち合わせで
ラビット・バスさんに
直行する予定なんだが
約束の9時半を9時にしてほしい
と先方から連絡が入ってな、
その旨を伝えてくれないか

A. 相手の用件が緊急かどうかを察しましょう。
上司に取り次ぐべきか相談すると◎。
取り次ぐときはメモを用意して、失礼にならないよう
注意しながらそっと指示をあおぎます。

熊井部長からお電話です
ごめん。いまちょっと会議で抜けられないんだ。あとで電話いたしますって伝えてくれるかな？
お待たせいたしました。猫田課長はただいま会議中です。折り返しお電話さしあげるとおっしゃっています
そうか、それじゃあ電話はいらないから伝言をお願いできるかな？

A. 同音異義語や数字などの聞き間違いに注意。
必ずメモをとり、復唱すること。
不明な点は折り返し電話をしてもよいか確認しておくと◎。

明日のラビット・バスさまとの打ち合わせ、午前9時半を9時に変更ですね、かしこまりました。なにかございましたら熊井部長の携帯にご連絡を、ということでよろしいでしょうか

ワンランク上の電話テクニック

電話をかけてきたお客さまから、来店の約束や、購入の確約をとるための、ちょっぴり高等なテクニックを紹介します。

1. 導入

はい、ジェイ・トラベル
宇佐木でございます
社員旅行でそちらの「温泉と海の幸ツアー」を検討しているんですが……

まずは、
明るくさわやかな応対で。
この人と話をしてみようと
思わせることが重要です。

2. 応対

30人です
社員旅行で「温泉と海の幸ツアー」でございますね。ありがとうございます。何名さまのご利用でしょうか

好感を与える応対には、
話のテンポ・声のトーン・
敬語などの技術を
しっかりと身につけて
おくことが大切です。

3. セールストーク

30名さまですと、ツアー料金に
団体割引がきいてまいります。
おひとりさま1泊2食、
1万5000円でご利用いただけます
なるほど！

的確でわかりやすい応対と熱意が、お客さまの心を動かします。
また、お客さまの利益となる要素をアピールすると、相手も電話の内容を受け入れやすくなります。

4. クロージング

宴会のご予定は
ございますでしょうか
はい、
それもお願いしたいと
思っていました
それでは、夜は宴会場で
お食事を召し上がっていただく、
先ほどのツアーではいかがでしょうか。
詳しい説明に、担当の者を御社まで
うかがわせてもよろしいでしょうか
そうですか。
それではよろしく
お願いします

最後は、クローズ質問（→63ページ）でお客さまを誘導し、自分の意図する「YES」を勝ち取りましょう。

あいづちでスムーズな会話を

〈あいづちの基本〉

電話では表情や態度が
お客さまに伝わりにくい分、
声であいづちを返さないと、
お客さまを不安にさせます。

「はいはい」と
「はい」をくり返したり、
「はあ」などと返したりすると
きちんと聞いていないという
印象を与えます。

「うん」「そう」などは
ビジネスではNG。
親しい友人との
会話だけにすること。

「はい」「ええ」
「おっしゃるとおりです」が
ビジネスでは◎。

〈話は最後まで聞く〉

あいづちを打っても、
そこで話をさえぎらないこと。
相手の話す気が失せてしまいます。
相手の話は最後までしっかり
聞くことが大切です。

×
えっ まだ途中なのに…
え あの それ
れでね って どう
ぺらぺら ぺら ぺら ぺら ぺら ぺら ぺら

「うん。でもちょっと待って。
その言葉は……」などと、
相手の話の腰を折らないこと。

△
もうっー
グサッ
あっ そう でもさー

「そうなんだ。
でもその話は……」
などと、最後まで聞いても、
すぐの反論は相手が
不快に感じるもの。
少しの間をとって、
相手の話の内容だけでなく、
気持ちも受け入れましょう。

クッションで言葉やわらかく

相手の期待に反する内容を伝えなくてはいけない場合、「クッション言葉」を使用すると、やわらかく表現することができます。

相手の都合を聞くとき

△ 「お名前をお聞かせいただけますか」

○ 「おさしつかえなければ」「失礼ですが」＋「お名前をお聞かせいただけますか」

相手に労力を割いてもらうとき

△ 「お電話をいただけますか」

○ 「申し訳ございませんが」「お手数をおかけいたしますが」「おそれいりますが」＋「お電話をいただけますか」

プライベートでは

もし・・
よかったら、・・
食事に
行きま
せんか？

プライベートでは

ごめんね。・・・
あとで
かけ直して
もらって
いい？

相手の話を否定するとき

△
「そちらは結構でございます」

☺
「せっかくではございますが」
「恐縮ですが」
＋
「結構でございます」

相手の期待に反することを伝えるとき

△
「売り切れてしまいました」

☺
「まことに申し訳ございませんが」
「あいにくでございますが」
＋
「売り切れてしまいました」

プライベートでは

せっ…かく…だけど、これはいらないかも

プライベートでは

ごめ…んなさい。その日は仕事なんです

言葉づかいは肯定的に

「だめです」「無理です」「できません」「いません」など否定語はNG。
相手を不快にさせます。
肯定的な言葉づかいを心がけて。

「秋の味覚ツアー」の申し込みをしたいんですけど……

×

「秋の味覚ツアー」につきましては、昨日締め切りましたので、いまからのお申し込みはできません①

◎

「秋の味覚ツアー」につきましては、あいにく②昨日締め切りましたので、いまからのお申し込みはむずかしくなっております③

ええっ！昨日の電話の人は今日まで大丈夫だって話していたんですよっ

×

おそらく④昨日の担当者がそう勘違いしていたのかと……⑤

◎

それはたいへん申し訳ございません。私どもの手違いでご迷惑をおかけいたしました⑥

① 否定語は×

② クッション言葉でやわらかく（→78ページ）

③ 肯定的な表現に直す

④ あいまい表現はトラブルの原因になりがち

⑤ 「○○ですが……」など、文節で言葉を止めない

⑥ ミスを受け入れ、謝罪すること

×
そうおっしゃいましても⑦
もうどうしようも
ございません⑧
楽しみにしていたのに
なんとかならないの？
⑦ 相手の言い分は決して否定しないこと
⑧ 問題解決の意欲がうかがえないのもダメ
⑨ 相手の意に添う代案の提示
◎
「まつたけ狩りツアー」でしたら⑨
同じ価格ですが、
いかがでしょうか
「まつたけ狩りツアー」が
同じ値段なんだ。
じゃあそれに
しようかしら
×
ありがとう
ございます。
それでは
お客さまの
お名前を
ください⑩
◎
ありがとうございます。
それではお客さまの
お名前をちょうだい
できますでしょうか？⑪
⑩ 命令形は使用しないこと
⑪ 命令形は依頼形にいいかえるのが◎

問い合わせ電話は大チャンス

はい、森の中ホテル、
烏丸でございます

あのー、宿泊料金について
うかがいたいんですが

かしこまりました。当ホテルの宿泊料金でございますね。
大人おひとりさま1泊2食で1万円が
基本料金となっております。
現在はキャンペーン中ですので、2名さまのご利用で
おひとりさま8000円のプランもございます。

そうなんですか。
会社の出張なんですけど、
ちょうど2名なので
予約をお願いできますか

ありがとうございます。
お日にちはいつに
なりますでしょうか…

問い合わせるということは、
商品を購入する、
サービスを利用する意思が
あるということ。
質問にただ答えるだけではなく、
プラスアルファのPRをするのが◎。
「お問い合わせありがとうございました」
というひと言も忘れずに。

私も烏丸さんのように
PRをするぞ!
あのー、宿泊……
宿泊のご予約ですねっ。
2名さまのご利用で
おひとりさま8000円のプランが
おトクになっておりますっ
いえ、宿泊客なんですけど、
チェックインが
遅れそうなんですが……
しっ、失礼いたしましたっ

問い合わせてきたお客さまに
PRをあせってはいけません。
まずはお客さまの話をよく聞いて、
きちんと答えること。
PRはあくまでプラスアルファと心がけて。

マイナスをプラスにする言葉づかい

問い合わせの電話は多くてもなかなか予約に結びつかないんですよね
マイナス情報をそのまま伝えているんじゃないの？
でもうそなんてつけませんよ
うそをつかなくてもマイナスをプラスにするテクニックがあるのよ。たとえば……
A
このランチはおいしいけど値段が高いよね
B
このランチは値段が高いけどおいしいよね
さてどちらがプラスの印象になるかしら？
Bのほうが前向きでそのランチを食べたくなります
そうでしょ。マイナス情報を先、プラス情報をあとにするだけで、こんなに印象が変わるんだから
なるほど！

たとえば、ワンランク上の部屋をお客さまにおすすめするときはどうする？
定
そば
うどん
カレー
ラーメン
「あと5000円足していただくとワンランク上のお部屋にご宿泊いただけます」ですね
そのとおり。「ワンランク上のお部屋にはあと5000円必要です」とはまったく違った印象になるのよ
すごくよくわかります
ふふふ加藤さんはおっちょこちょいだけど、とても素直よね
ありがとうございます。烏丸さんも、ちょっとこわいけど、いろいろ教えてくださいますよね
なぬ？

お客さまの立場で考える

そちらのみやげもの売場で買ったおまんじゅうがつぶれていたんですけど
たいへん申し訳ございません。製造元に確認をしてすぐに代わりの商品をお送りいたします
ていねいで悪くない応対だけど、もう少しお客さまの立場になるべきね
お客さまの立場……ですか？

そちらで買った天然水なんですけど、なんだかにごっているみたいなんですが
それは申し訳ございませんでした。当ホテルのみやげもの売場にてご購入の天然水がにごっているということですね。お召し上がりになったのでしょうか。おからだに異常はございませんか
状況の確認だけでなく、相手を気づかう言葉をかけます。
いや、まだ飲んでいませんけど
さようですか。取り扱っている商品の品質には万全を期しているのですが、すぐに製造元に問い合わせて原因を調査させますので、ご購入された日にちをお教え願えますでしょうか
えーと、先週の日曜日です
企業としての姿勢を伝え、約束します。
4日ですね。それでは調査後、代わりの商品をお送りいたしますので、お名前とご住所をお教え願えますでしょうか
代替案（この場合は商品）を提供します。
はい。東京都世田谷区の……
このたびはご指摘くださいましてありがとうございました。早急に原因を究明すると同時に、二度とこのようなことがないよう、管理体制の見直しを図りますので、今後ともよろしくお願いいたします
指摘へのお礼と、今後の具体的な対処について約束をします。
パチパチ
とまあ、こんな感じかしらね

受注電話と督促電話

受注電話の受けかた

1. 感謝を忘れない

まずなによりも、お客さまへの感謝の気持ちを忘れないことが大切です。

ツアーの予約をしたいのですが
ツアーのご予約ですね。お電話ありがとうございます

2. 必要事項の確認

会社の営業形態や受注システムに応じた質問や確認を行います。

「軽井沢避暑地ツアー」、7月20日出発の回です
はい、何名さまでご参加でしょうか

3. 復唱して確認

聞き間違いのないよう、最後に受注内容を復唱し確認します。

それでは、「軽井沢避暑地ツアー」7月20日出発の回、大人2名さま、子ども2名さまですね。かしこまりました
よろしくお願いします

督促電話のかけかた

「まつたけ狩りツアー」のキャンセル料金につきまして、ご入金がまだこちらで確認できておりません。たいへん失礼ではございますが、なにか行き違いなどございましたでしょうか
あ、ごめんなさい！うっかりしていました
はい、明日の朝一番で振り込んでおきます
さようでございますか。それでは、明日より3日以内にお振り込みいただくことは可能でしょうか
ありがとうございます
督促電話は失礼のないようにすることが第一です。お客さまに恥をかかせないように。
キャンセル料金のご入金がまだですので、お振込をお願いいたします
あれ、ちょうど今日の午前に振り込みましたけど……
し、失礼いたしました
決めつけてかからないことが肝心です。

アポイントの確認とお礼の電話

訪問の確認を

アポイントをとってから訪問までに1週間以上時間があくときは、前日に確認の電話をしましょう。日時、所要時間、だれとどんな目的で訪問するかを再度伝えます。

木林
「いつもお世話になっております。明日の打ち合わせの確認でお電話いたしました」

宇佐木
「こちらこそいつもお世話になっております」

木林
「明日の14時に、バリアフリーのバス車両のご案内ということで、1時間ほどお時間をいただいておりますが、よろしいでしょうか？」

宇佐木
「ええ、予定どおりで大丈夫です」

木林
「ありがとうございます。ご多用の折、お時間をいただきまして恐縮です。では明日、どうぞよろしくお願いいたします」

訪問のお礼は早めに

お礼の電話は、訪問日の翌日の午前中にしたいところ。時間を割いていただいたことに対するお礼の言葉のほか、訪問時の内容や約束を確認したり、次のアポをとったりします。

新車両を使った
バスツアーを
企画してもらうぞ

木林
「昨日はお忙しいところ、お時間をいただきまして本当にありがとうございました」

宇佐木
「こちらこそ、詳しいお話をうかがえて、とても参考になりました」

ツアー

木林
「そういっていただけますと、こちらも光栄です」

宇佐木
「いまお年寄りを対象にしたツアーを企画しておりますので、そのときはぜひ利用させてください」

バス
やったー!!

木林
「はい。ありがとうございます」

営業電話のコツ　その1

営業電話では、商品のメリットを
一方的にPRするだけでなく、
お客さまの話をよく聞き、
その要望を受け入れる姿勢を
みせることも大切です。

よっしゃ
バリアフリー車両を
ほかの旅行会社にも
どんどん
売り込んでいくぞ

…というわけで
新車両の特長は
バリアフリーでございます。
ご理解いただけましたでしょうか
①

①
企業の姿勢や方向性を
一方的に押しつけないこと

〜 ｜ 〜経由〜行き
電光掲示板
スロープ
ノンステップ

う〜ん、なるほど。
しかし使用料金が
ちょっとねー

私どもといたしましては、今後とも御社と長いお付き合いをさせていただきたいことには変わりありません。②ご要望にはなるべくお応えしていきたいと思っておりますのでおっしゃってください
おお そうですか
② 長く取り引きしたいということを前提にします
つきましては、第一弾のお見積もりをFAXでお送りいたしますので、具体的なご要望をお聞かせいただけますでしょうか ③
③ お客さまからの要望も受け入れる姿勢を表明します
そうですか。ではFAXをお待ちしています
よっしゃー、ダー!

営業電話のコツ その2

商談中に、お客さまからネガティブな言葉が飛び出してもめげないこと。
その言葉をそのまま投げ返す「ブーメラン話法」というテクニックがあります。

現在はどのような車両をツアーにお使いですか？
バリアフリーではありませんがおからだの不自由なお客さまには添乗員がサポートしますし、不便はないですよ
さようでございますか。①失礼ですが添乗員の方におまかせするのは安全面からも業務の効率面からもベストな方法とはいえないのではないでしょうか②
でもねえこちらもなかなか余裕がありませんので……

これがブーメラン話法！

① まずはお客さまの言葉を受け入れます

② 気づきの言葉をやんわりと投げかけます

③ 言葉をそのまま返すとお客さまの断る理由がなくなり、その後のセールストークが有効にはたらきます

④ 自社商品を導入するメリットを伝えます

メリット
キャッチ
キラッ
余裕がない会社さまにこそおすすめしたいのです。③
これから高齢化が進む日本社会においてこうした車両をツアーに導入することは御社の評判を高め、集客力アップにつながる④はずです
うーむ それは確かにそうですね

情報の分析と活用

お客さまの電話内容は社内で共有

お客さまからのクレームや現場からの意見は、商品やサービス向上の貴重なヒント。隠すことなく、きちんと報告し、社内で共有しましょう。

秋の味覚ツアー
まったけ狩りツアー
ツアー
「秋の味覚ツアー」と「まったけ狩りツアー」を混同するお客さまが多いようです
はい気をつけます
来年はふたつのツアーを合体させましょうか
それもひとつの手だな

管理者や上司にとってはどのような問題が発生しているのかなど、現場の状況を把握するための重要な情報です。

応対を統一

お客さまからの電話への会社としての応対を統一しておくことも重要。応対する人によって説明がバラバラだとお客さまに不信感を与えます。

当ホテルの宴会プランについてはレストラン部の、わたくし鶴田におたずねください
当ホテルの宴会プランについては企画部の、わたくし犬山におたずねください
だれに聞けばいいの？

若葉
若葉のお部屋はおふたりさまにはちょうどよい広さでございます
若葉のお部屋はおふたりさまですと少々きゅうくつかもしれません

本当はどっちなの？

同じ内容の問い合わせに対して異なる回答があると混乱させてしまいます。また、お客さまによって応対態度が異なっても、新たなクレームを招きます。

英語を話すお客さまへの応対

会社によっては英語を話すお客さまから電話があることも。
そんなときはこれらのフレーズを使って、
英語が話せる人に取り次ぎをしましょう。

はい
ジェイ・トラベル
企画部の鈴木
でございます
Good afternoon, is this J-travel company?
(こんにちは、ジェイ・トラベルさんでしょうか?)
あわわ
あっはい
ハロー、
イエス、
イエス
……
あー、
うー

サッ
あっ

グローバル化が進む昨今、
海外のお客さまからの
電話は珍しくありません。
英語を使い慣れていなくても、
まずは落ち着いて、
冷静になること。

This is Kevin Jackson from W-trip company. May I speak to Mr. Kumai?
(ダブリュー・トリップ社のケビン・ジャクソンと申します。熊井さまはいらっしゃいますか?)
I'm sorry. Could you say that again?
(申し訳ございません。もう一度うかがってよろしいでしょうか)

熊井部長、ダブリュー・トリップという会社のケビン・ジャクソンさまからお電話です
はい ありがとう
Oh I see.One moment please, I'll transfer your call.
(かしこまりました。少々お待ちください、ただいまおつなぎいたします)
そうそう、あなたたち新入社員ならまずはこれらね
基本フレーズをおぼえるだけで、取り次ぎはできるんだー
ありがとうございます。英語を話せるんですか?
全然よ。基本のフレーズをおぼえていただけ

英語が話せる人への取り次ぎフレーズ

少々お待ちください	One moment please,
英語を話せる者に代わります	I'll get an English speaker.
申し訳ございません、英語がわかりません	I'm sorry. I don't understand English.
英語を話せる者がおりません	There's no one here who can speak English.

こんなフレーズもおぼえておくと便利

どちらさまですか	Who's calling, please?
電話をおつなぎいたします	I'll transfer your call.
もう一度うかがってもよろしいですか	Could you say that again?

COLUMN

こんな電話にはどう対応する？ その3

電話で道を聞かれたら

1. 自社の最寄り駅を伝え、スタート地点を確認

私どもの会社の最寄り駅は海川駅になります。海川駅の東口の改札をでたところからでよろしいでしょうか？

2. 目印になるポイントと所要時間を説明

駅からはおよそ3分です。改札をでましたらすぐ右に曲がってください。50メートルほどまっすぐ歩いていただきますと、左手に上野銀行がございます。その先3軒目の赤いビルが弊社でございます

3. 最後に相手を気づかうひと言を

わたくし佐藤と申します。またおわかりにならないことがございましたら、遠慮なくおたずねください。それではお待ちしております

※雨だったら「雨のなかご足労をおかけいたしますが、お気をつけてお越しください」と。

あらかじめ、最寄り駅から自社までの道順を説明するためのマニュアルを自作しておくとよいでしょう。

● 第4章 ●

クレーム電話の応対

クレーム応対の手順

ある日の夕方……
カー
ふー。今日もそろそろおしまいね
ご飯でも食べに行きませんかー？
RRRR
はい ジェイ・トラベル企画部の鈴木でございます
おう、おまえのところのツアーだけどな。ちょっと担当者に代われ、いいたいことがあるんじゃ
クレームだ！どうしよう……

1. 心を落ち着けること

えっ、あっ。つっ、ツアーでございますか……
宇佐木さん…

お客さまがすごく怒っていても、まずは落ち着くことが大切です。あわてたり、絶句したりすると、応対がおろそかになり、さらなる怒りを招きます。クレームだとわかったら、声のトーンは少しずつ下げていきましょう。（→110ページ）

2. なによりもお詫びのひと言を

まずはお詫びして
ご迷惑をおかけして申し訳ございません

まずはていねいにお詫びをして、お客さまの怒りを少しでもやわらげます。（→116ページ）ここでは「ご迷惑をおかけしたこと」に対してお詫びをすること。事情がわからないのに「申し訳ございません」と全面的な謝罪をするのはかえって不誠実です。

3. クレームの内容をうかがう

ハラハラ
事情を聞いて
それから
代わって
ハイ
しかるべき者と
代わりますので、
どのようなことか、
少しおうかがい
できますでしょうか？
申し訳
ございません
おまえのところの
「秋の味覚ツアー」だけどのう、
わしが集合時間に
10分遅刻しただけで、
連絡もよこさず
勝手に出発しやがって。
ありゃ、どうなってるんだ！

おっしゃることは
よくわかりました。
担当に代わりますので
少々お待ちくださいませ

内容がわからないままで
絶対に取り次がないこと。
適切な人に取り次げず、
結果的に「たらい回し」の
状態となり、お客さまの
さらなる怒りを
招いてしまいます。

4. 電話を取り次ぐ

「秋の味覚ツアー」で、
遅刻したお客さまをお待ちせず
出発した件についてのクレームです。
かなりご立腹です。申し訳ございません。
よろしくお願いいたします
はい
まかせて
キリッ

事情を確認したら、すみやかに
上司または担当者へ電話を取り次ぎます。
取り次ぐ相手に、クレームの内容と
お客さまの様子を伝えてから代わること。
すばやい応対が基本なので、
かいつまんだ説明でOK。

お電話代わりました
わたくしは……
テキパキ

クレームが意味するもの

……はい 貴重なご意見を ありがとうございました。 今後ともよろしく お願いいたします
ガチャ
ホッ
すごーい!

その日の終業後
今日も おつかれさま
クレーム応対って いやですよねー
そうそう 本当にストレスが たまりますよね
こらこら、クレームは会社にとって 大切なものなのよ。 クレームとはなにかを 考えたことが あるのかしら?

クレームで会社は成長する

クレームは、お客さまからの貴重な情報です。本来は会社側が気づくべき商品の使い勝手の悪さ、応対やシステムの問題点を教えていただいているという姿勢が大切です。お客さまからのクレームこそ、会社が成長するきっかけになるのです。

……と いうわけよ
なるほど。 クレームって ありがたいもの なんですね
それなら 前向きな 気持ちで 応対できそう

どうしてクレームは発生する

一般的に、クレームが起こるのは商品やサービスがお客さまの事前の期待より劣ることで、不満を抱かせるためです。

●商品の欠陥

わなわな
ツアーのおみやげです
CAKE

●不十分なサービス体制

ツアー
どうぞご自由に
えー
ねえ
どこへ行けばいいのかしら?

●応対の悪さ

わかりませんね
まあ…

●お客さまの勘違い

ツアー
はあ
これはバラよ

ということは、その不満が解消されればクレームは解決するわけですね
そう。お客さまからクレームがあったら、そのお客さまに満足を与える応対とはなにかを考えればいいのよ
ははあ、ただ謝ればいいってわけじゃないんだ。お客さまの気持ちになる必要もありますね

クレーム応対のポイント

1. ていねいにお詫びをする

あなたが担当者ではなく、社内的な責任はなくても、お客さまにとっては会社の責任です。電話をとったあなたが会社の代表。不快な思いをさせたことに対して、まずはお詫びの言葉を伝えましょう

えっと
そうでしたか……では担当者に代わります
ボリボリ

この人なによ

た・い・へ・ん・申・し訳・ご・ざ・い・ま・せ・ん
えーと
マニュアル

ただ事務的に謝るだけでは、逆にお客さまを怒らせてしまいかねません。

誠意
たいへん申し訳ございません

もういいわよ

心からの謝罪を示すことが大切です。気持ちは声に反映され、お客さまに伝わるものです。

森の中ホテルの鶴田さん①
ある日の昼下がり……
RRRR
はい、森の中ホテル鶴田でございます
すみません、そちらの通販で買ったワイングラスが割れていたんですけど
森の中ホテル
△
申し訳ございません。すぐにお取り替えいたします
ていねいなお詫びとすばやい対応ですが、謝罪だけではお客さまへの気づかいに欠けるため不十分です。
◎
申し訳ございません。すぐにお取り替えいたします。おけがはございませんでしたか？
迷惑をこうむったお客さまを気づかう、謝罪にプラスしたひと言がGOOD。

2.クレームの内容をじっくりと聞く

こっちは怒っているのよっ!
はいっ、はいっ! たいへん申し訳ございませんっ!
楽しそうだねえ
キャッキャッ

クレームの内容を十分に聞き取り、お客さまがなにを求めているのかを理解しなくては、満足する応対はできません。あわてないこと。

電話応対の基本は明るく(→15ページ)ですが、クレームだとわかったら、応対をしながら少しずつ声のトーンを下げていきましょう。

はいっ!
はい……
たいへん申し訳ございません……

同時に周囲にも、笑い声などで騒々しくしないように合図をします。

クレーム 静かに

森の中ホテルの鶴田さん②

△
申し訳ございません。すぐにお取り替えいたします
いえ、割ったのはたぶん私なので、購入し直したいのですが……
えっ? さっ、さようでございますか。失礼いたしました
◎
申し訳ございません。おけがはございませんでしたか?
はい大丈夫です。割ったのはたぶん私なので、改めて購入したいと思います
こちらでも配送業者に確認いたしますので少々お時間をいただけないでしょうか
まいどです!
ありがとう♪
あっ
ん?
ガチャーン

3. クレームに応対する

上司の熊井とお電話を代わりますので、少々お待ちいただけますでしょうか
ガミガミ
だからあ いったいどうなっているのよっ!?

新入社員のうちは、クレーム内容を確認したら、すみやかに上司や担当者に取り次ぐのがよいでしょう。(→105ページ)目上の人に代わることで、お客さまも誠実に応対してくれていると安心します。ていねいな応対でお客さまの気持ちをやわらげることを心がけて。

……そう? じゃあ、そうしてちょうだい
上司……エラい人……!

申し訳ございません。よろしくお願いいたします

森の中ホテルの鶴田さん ③

自分で解決できるときは、お客さまに納得していただけるような説明をします。説明後は、すばやく実行を。

はい、さくら運輸です
森の中ホテルと申しますが、12月1日に配送していただいた荷物についてうかがいたいのですが……
……ええ、荷物を引き渡したあとで、お客さまが落とされたような音が聞こえました
運輸
そうでしょ
配送業者に確認をいたしましたが、お客さまのおっしゃるとおりのようです。改めてのご購入の件ですが、いかがいたしますか

4.クレームに感謝を

クレームは、会社にとって
貴重な情報であることを
つねに意識すること。
（↓106ページ）

不満なことがあると、ほとんどの
お客さまはだまって他社の商品を
使うようになります。
そんななか、わざわざ
クレームを寄せてくださる
お客さまはとても大切な存在です。

ジェイ・トラベルさんには
もっとよくなってほしいから…
カチャ

5.上司や関係者に報告し、再発を防止

クレーム発生から
解決までの過程を報告し、
社内で共有することで
再発を防止できます。
（↓127ページ）

……と、
いうわけです

森の中ホテルの鶴田さん④
このたびはご連絡をいただきましてまことにありがとうございます。配送業者ともども今後はいっそうの注意をしていきたいと存じます
いえいえ、こちらこそごていねいにありがとうございます
ふー
おみごと
これでよしっ、と
フムフム
クレーム報告書

お客さまの心をやわらげるフレーズ

謝罪の言葉

- 「ご不快な気持ちにさせてしまい、申し訳ございません」
- 「ご迷惑をおかけし、お詫び申し上げます」
- 「ごめんどうをおかけして、失礼いたしました」
- 「不行き届きで、お詫びの言葉もございません」
- 「○○すべきでした。今後、十分注意いたします」

クレーム内容を聞くとき

- 「具体的にはどのようなことでしょうか」
- 「おうかがいできますでしょうか」
- 「お話しいただけますでしょうか」
- 「お聞かせいただけますでしょうか」

話を受けるとき

・「さようでございますか」
・「かしこまりました」
・「おっしゃるとおりです」
・「ごもっともです」
・「おっしゃっていることは承知いたしました」

クッション言葉

締めの言葉

・「ご指摘くださいましてまことにありがとうございます」
・「二度とそのようなことがないようにいたします」
・「ご指摘を今後にいかしてまいりたいと思います」
・「たいへん勉強になりました」
・「今後ともよろしくお願いいたします」

こんな言葉づかいはNG!

もしもしっ
先日そちらの冷凍食品を買ったけど、広告と中身がまったく違ってたよ
え～、そうなんですか？① それは失礼いたしました。現場の担当者に申し伝えておきます。どうもすいませんでした～②
おいおい、それで終わりかよ
そうですか。なにかあるようでしたらおっしゃってください③
だからさー かくかくしかじか

① お客さまの言葉をしっかり受け止めていない、他人事のような返事は×。

② なぜお客さまがクレームをつけるのか、理由をきちんと聞きだすべき。

③ 命令形は使わないこと。「お聞かせいただけますでしょうか」と依頼形を。

あーちょっと、お客さまの声が聞き取りにくいんですけど、もっと大きな声で話してくれませんか？④
かくかくしかじか！
いや、そんなはずはないですよ。お客さまに当商品のこだわりをご理解いただけないのはまことに残念でございます⑤
あんたじゃ話にならないから担当者に代わってくれるか
あ、じゃあ担当に代わりますね
もしもし、お電話代わりました。どういったご用件でしょうか？⑥
この会社は……

④「お電話が遠いようですので」などと相手を気づかうこと。

⑤自社の都合のみを押しつけ、こちらの非を認めず、お客さまに非があるかのようないいかたは大NG。

⑥お客さまに同じ話をさせるのは失礼。電話を取り次ぐときにクレーム内容を伝えること。

こんな態度はNG!

×逃げ腰になる

早く終わらせなきゃ
トットット

やっかいごとだとして、できるだけ早く電話を終わらせようとしては、お客さまが満足するような応対はできません。

×対応が遅い

そーでしたかー
それではー
じっくりとー
調査しましてー
ゆっくり

お客さまはすばやい対応を求めています。遅いと会社の信頼度を低くしますが、かといってあわてるのも×。

×感情的になる

てめぇー
このヤロー
このヤローとはなによ!
カチン

感情的になり、ついつい乱暴で高圧的な言葉づかいになるお客さまもいますが、冷静に応対しましょう。

×謝罪の言葉を繰り返す

申し訳ございません

十分な謝罪は必要ですが、ひたすら「申し訳ございません」と繰り返すだけではお客さまは満足しません。問題を解決するにはどうすればいいかを明確にすること。

✕ 責任転嫁をする

「それはお客さまの使いかたに問題があります」など、お客さまに責任を転嫁する言葉は絶対にダメ。

✕ クレームによって応対を変える

複数のお客さまから似たようなクレームがくると、「またか」と思って応対がぞんざいになりがちですが、それぞれのお客さまにとってははじめてのものだということを忘れないように。

✕ 相手の話をさえぎる

お客さまが話をしている途中で、「そうはおっしゃいますが」などと、反論するような言葉を返さないこと。まずは、話を最後まで聞くことが大切。

✕ あいまいな言葉を使う

その場しのぎであいまいな言葉を使うと、より大きなクレームに発展してしまうことも。「私ではわかりかねます」と、はっきりと伝え、適切な人に取り次ぎましょう。

クレームの事例

クレーム応対は、お客さまの満足が最優先

田口といいますが、そちらのレストランでグルメパックを注文して、さっき届いたんですけど、注文したものと違う商品が入っていたんですけど……
グルメパック
静かに
お届けした商品が違っていたとのこと、それはたいへんご迷惑をおかけしました。①
わたくし、鶴田と申します。②
おそれいりますが、お客さまのお手元に現在届いていらっしゃいます商品名と、お客さまがご注文なさいました商品名をおうかがいできますでしょうか
ムム
いま届いているのは「秋の海の幸セット」で、私が頼んだのは「秋の山の幸セット」です
パック
どうやらご注文いただいた際の入力ミスで、田口さまには間違ったお品をお送りしてしまったようでございます。③
たいへん申し訳ございません
はあ、そうだったんですか……
至急、手配いたします。
おそれいりますが、いますぐに手配いたしまして、本日の発送に間に合わせますので、明後日の商品到着までいましばらくお待ちいただけますでしょうか ④

ええ　わかりました
ありがとうございます。間違えてお送りしてしまった商品は、もしよろしければお召し上がりくださいませ⑤
あら、ありがとうございます
こちらこそ、このたびはたいへん申し訳ございませんでした⑥
①まずはていねいにお詫びを
②責任の所在をはっきり
③なにが問題だったのかを明らかに
④すみやかな対応を約束し、具体的な日時を提示して理解を得る
⑤相手が納得する応対をし、最後まで謙虚な姿勢で
⑥終わりにも、ていねいなお詫びの言葉を忘れない
ポイントをメモしてみました
どれどれ
きちんとポイントをおさえているみたいね
はい！

クレーム内容をきちんと確認する

そちらの売店で買ったマッサージ機、全然動かないわよ
さようでございますか。①
おそれいりますがお買い上げいただいたマッサージ機の商品名はおわかりになりますでしょうか
ええと「旅行のおともにどこでもハンディマッサージ機」……かしらね
はい、「旅行のおともにどこでもハンディマッサージ機」ですね。
それでは、そちらの商品が動かないということですが、②
たいへん失礼ながらご確認させていただきます。
電池はお入れいただきましたでしょうか③
あ、カラッポ…
あ、あらやだ入っていないじゃない……
でもね、こういうのって最初から電池が入っているものなんじゃないの？

申し訳ございません。
こちらの商品は電池が別売りでございます。④
それに関しましては箱の側面に書いてございます⑤
こんな小さい文字じゃ気づかないわよ
おっしゃるとおりです。
お買い上げの際にレジの者がひと言ご案内申し上げるべきでした。⑥
気がつきませんで、たいへん失礼いたしました
とにかく電池を買ってこなきゃだめねえ
ごめんどうをおかけして申し訳ございません。⑦
わたくし、烏丸と申します。
なにかございましたらまたお問い合わせくださいませ
あら いいじゃない
へへへ
メモ
①まずはお客さまの言葉を受け入れるあいづちを
②復唱し、クレームの内容を確認
③お客さまを気づかう依頼形で
④お客さまの勘違いを正して
⑤自社が不利にならないよう、こちらの言い分もしっかり伝える
⑥お客さまに恥をかかせないよう謙虚に
⑦手間をかけることへの謝罪を

クレーム応対も締めくくりが大事

ほとんどのお客さまは、
商品やサービスに
不満を感じても、
だまって別の会社のものを
利用するだけです。

わざわざクレームを
寄せてくれるお客さまは、
それだけその会社に
期待しているのです。
期待しているからこその
要望なのです。

クレームは会社を
成長させる
貴重な情報です。
クレームを寄せて
くれたお客さまに、
最後に感謝の言葉を
忘れないように。
(→114ページ)

最後にクレームへの感謝を
あらあらごていねいに
このたびは弊社ツアーの不備をご指摘くださいまして、まことにありがとうございました
いいのよ、なんたって私はジェイ・トラベルさんのユニークな企画のファンなんだから
ありがとうございます。お客さまのご指摘を今後の企画にいかしてまいりたいと思いますので、今後とも弊社をよろしくお願い申し上げます
こちらこそよろしくね

上司に報告し、再発を防止する

クレーム電話を受けたあとは、
必ず上司や関係者にその内容を報告しましょう。
次の効果があります。

ちゃんと応対できたのかな？
ニヤッ
猫田課長、先ほどのクレーム電話の件ですが……

①同じクレームにすばやく対応できます
②同じ問題が生じないよう、
再発防止の対策をとることができます
③問題のある商品やサービスの改善、
新商品開発に役立ちます

クレームの内容、
だれがどのように対応し
解決したのかを報告。
社内で閲覧できるよう、
書式にのっとり
まとめておくのが◎。
書式がないときは、
5W2H（→20ページ）に
沿って内容を整理します。

……という内容のクレームでしたが、再発防止の方法を説明することでご納得いただけました
中国
タイ

これであなたも
電話美人!!

古谷治子（ふるや　はるこ）

株式会社マネジメントサポート代表取締役社長
文京女子短期大学英文科卒業。東京放送、中国新聞社で9年間の実務経験後、大学・短大・専門学校等にて「ビジネス行動学」「ビジネス秘書学」の講師を務める。心理学、カウンセリングを修め、1993年に株式会社マネジメントサポートを設立、現在に至る。研修指導は官公庁から大企業、中堅企業まで350社以上にも及び、研修分野は管理職、営業、ビジネスマナー、クレーム対応、電話診断など多岐にわたる。自ら年間300以上の研修を担当。現場を踏まえ徹底的にカスタマイズされたその研修プログラムは高い評価を得ている。また、ビジネスマナーインストラクター検定 http://nihon-koushikyokai.jp/、WEBでできるCSクレーム対応検定 http://www.claimkentei.com/を主宰、CS力、クレーム対応力向上に努めている。
主な著書に、『すぐに身につくビジネスマナー』『心を動かす電話の応対』『恥をかかない敬語・言葉遣い』『クレーム対応のすべてがわかる本』(以上、インデックス・コミュニケーションズ)、『仕事の基本が身につく本』『クレーム電話　よい応対はここが違う！』(以上、かんき出版)、『人に好かれるものの言い方・伝え方のルールとマナー』『好感度アップ！速効ビジネスマナー』(以上、日本実業出版社)、『「勝ち組」になるための仕事の基本』(実業之日本社)、『なぜか「失敗が許される人」の話し方マニュアル』(大和出版)、『すぐ使える 実戦ビジネスマナー』(成美堂出版)などがある。

【連絡先】株式会社マネジメントサポート
TEL：03-5418-4600　URL：http://www.ma-support.co.jp/

【絵】シダエリ
千葉県在住。ディスプレイの仕事を経てセツ・モードセミナーに入学。卒業後、書籍・雑誌を中心にイラストレーターとして活躍中。http://www1.ttcn.ne.jp/~eri/

装丁◆清水良洋（Malpu Design）
本文DTP◆株式会社明昌堂
編集協力◆オメガ社

イラストBOOK　はじめてのビジネス
電話応対

2007年2月28日　初版第1刷発行
2008年1月15日　初版第2刷発行

著　者——古谷治子
発行者——酒井圭子
発行所——株式会社インデックス・コミュニケーションズ
〒101-0052　東京都千代田区神田小川町3-9-2　共同ビル
TEL　03（3295）1658（書籍販売部）
TEL　03（3295）3010（書籍編集部）
http://www.indexcomm.co.jp/
印刷／製本—錦明印刷株式会社

ISBN 978-4-7573-0432-1　C0030